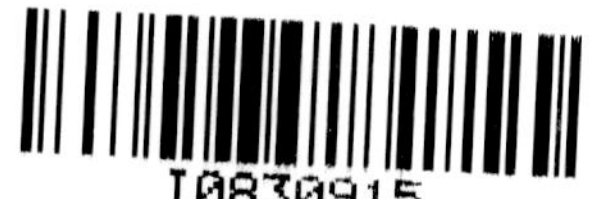

I0830915

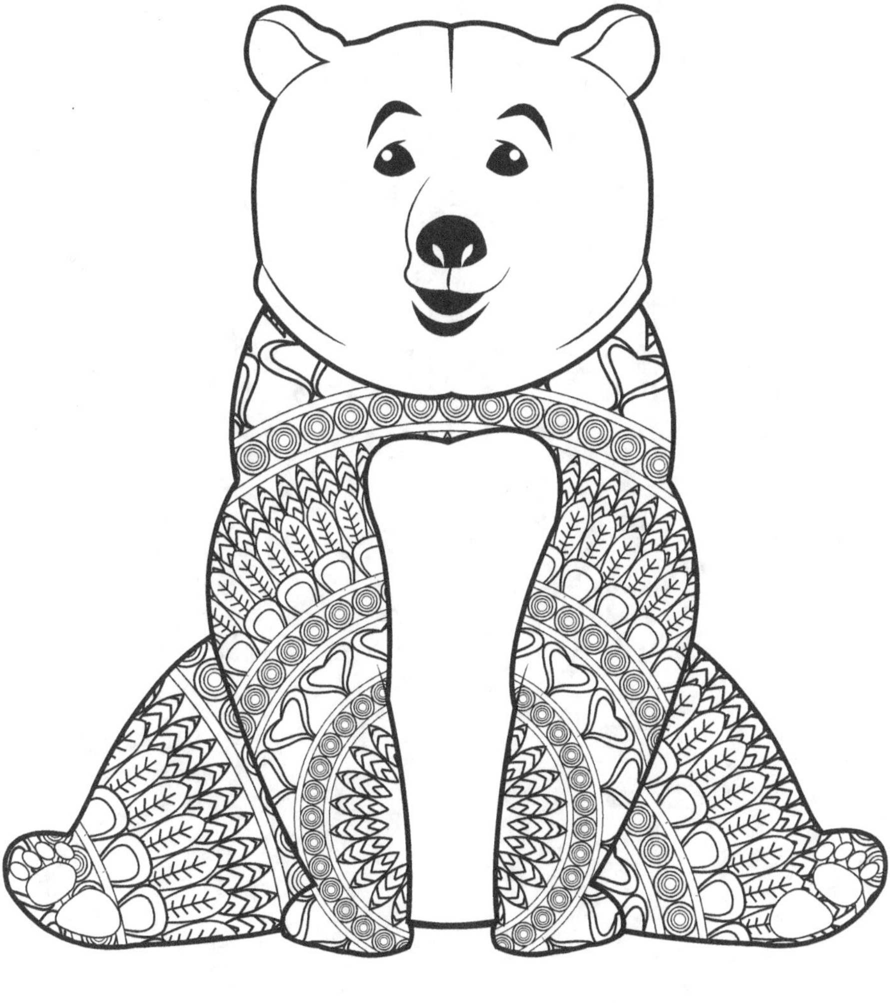

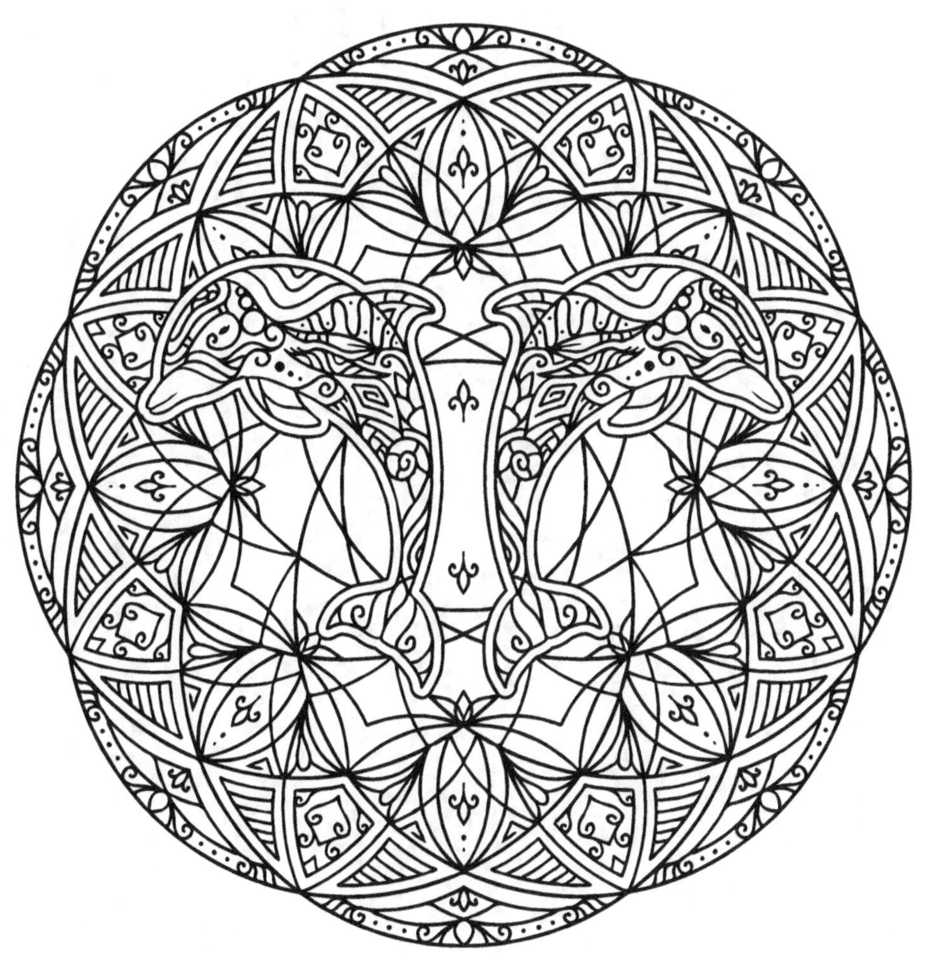

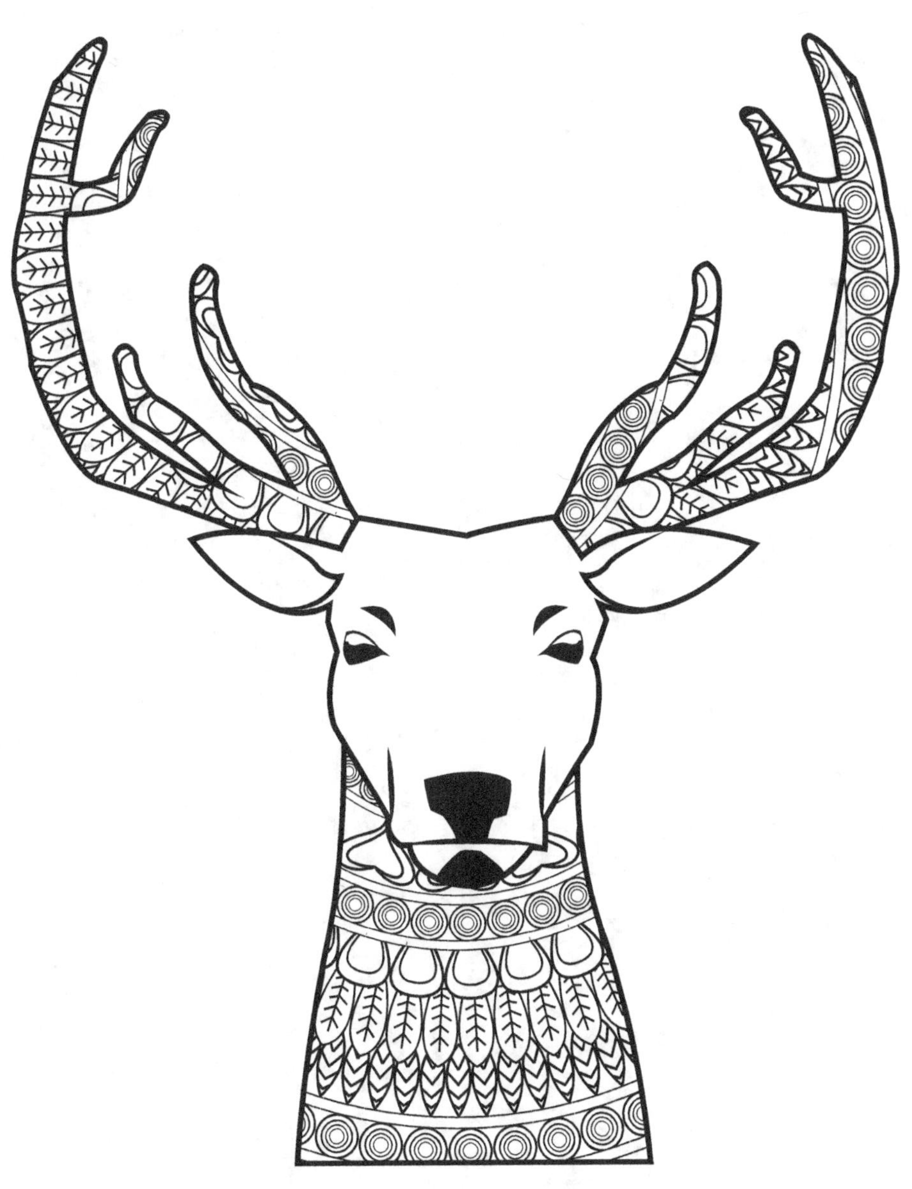

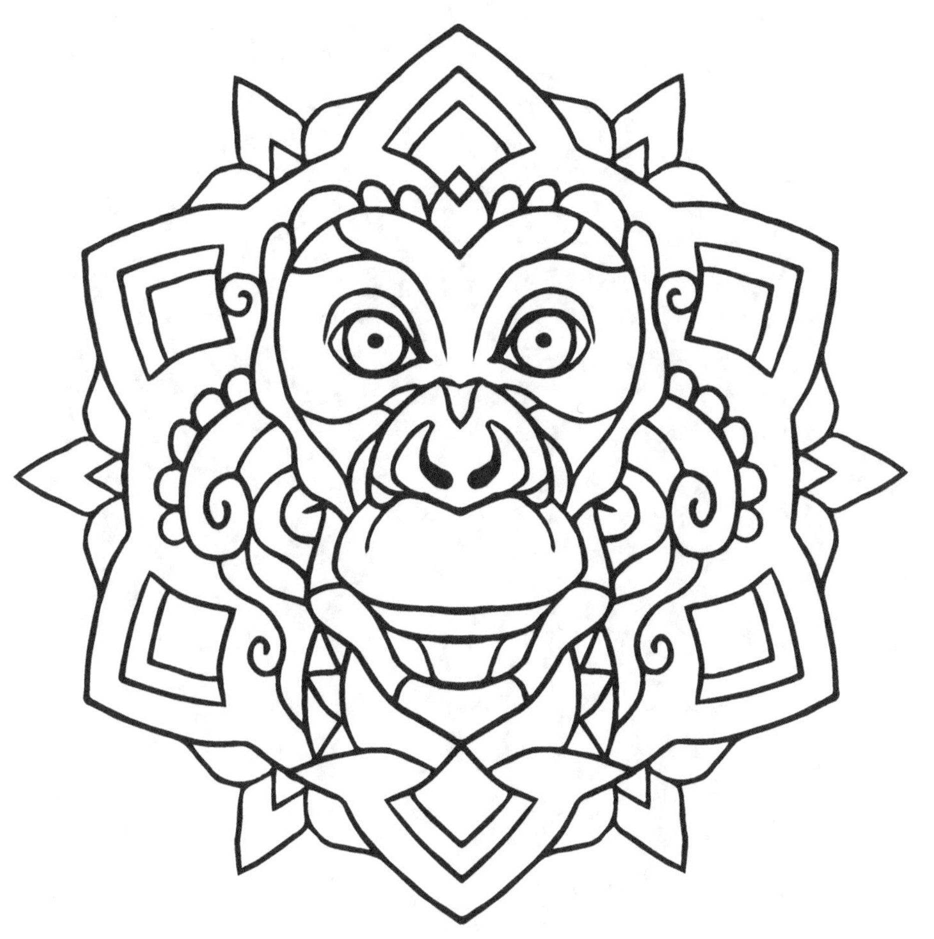

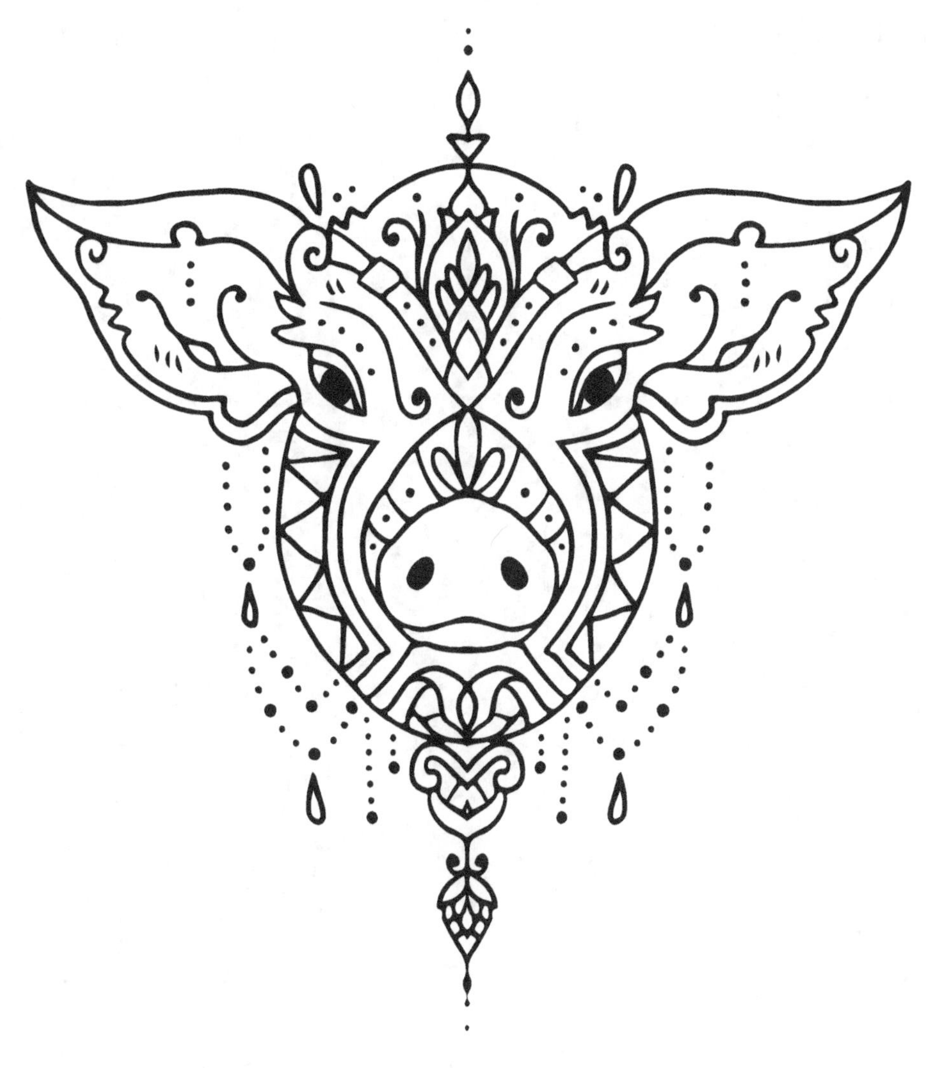

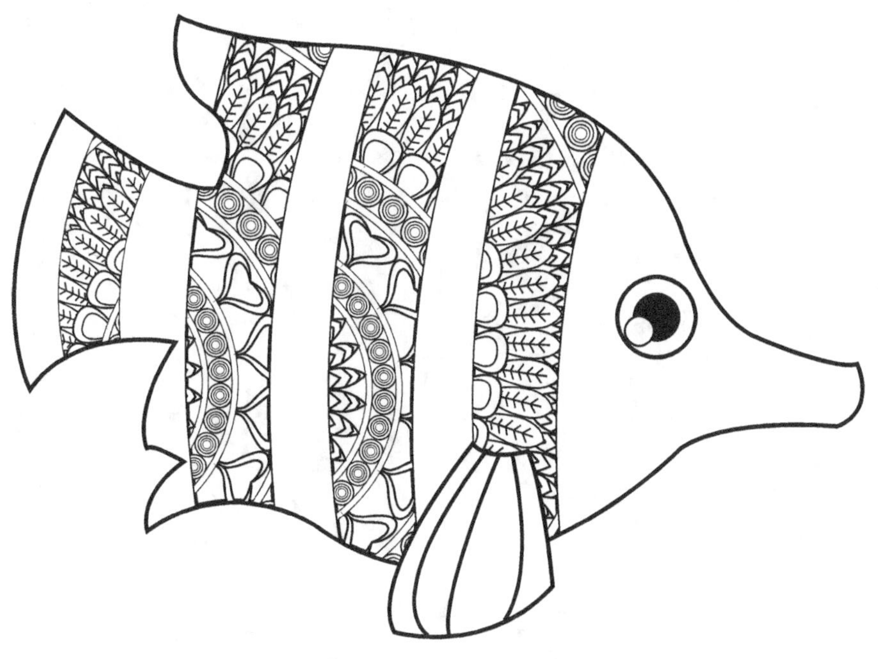

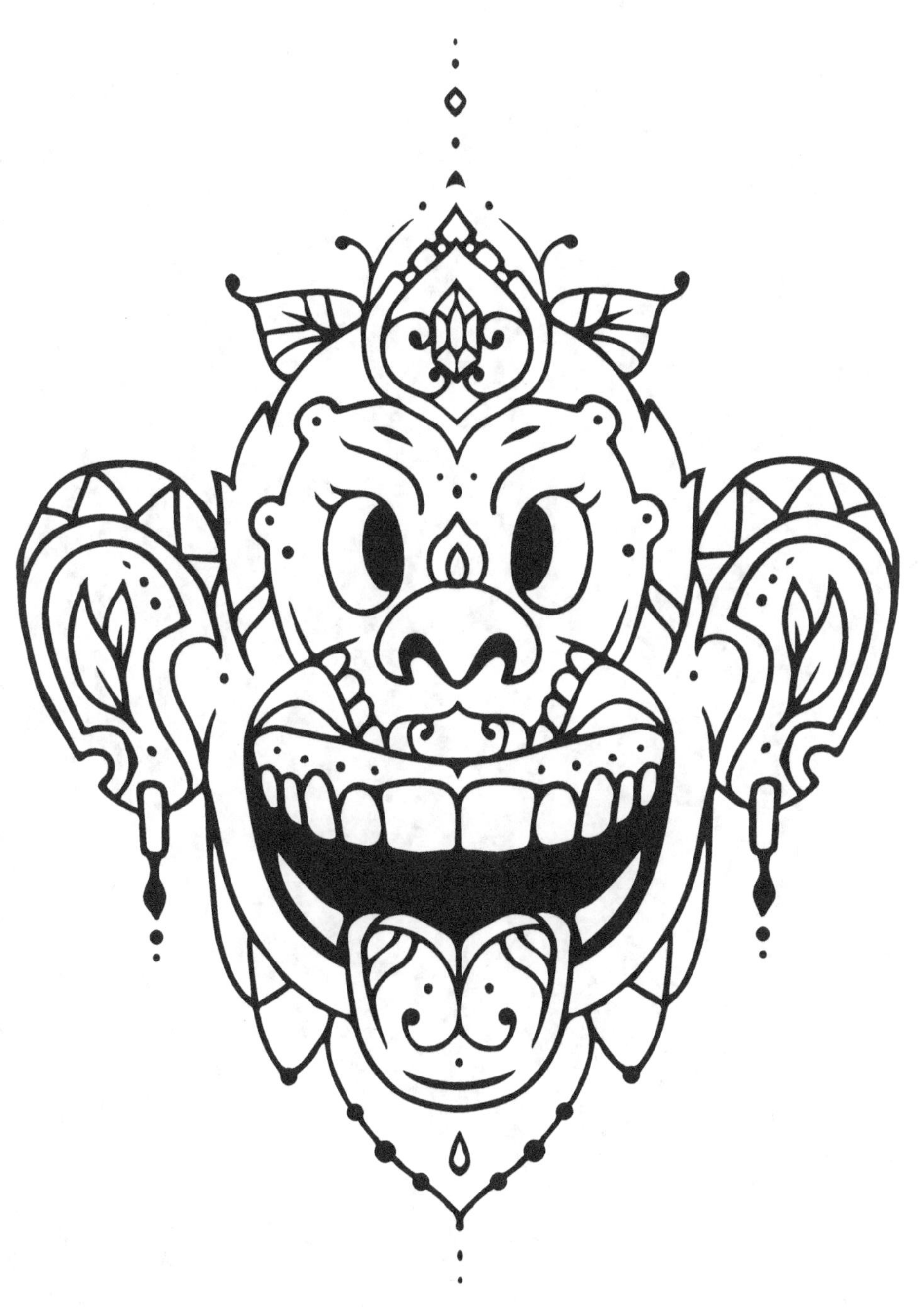

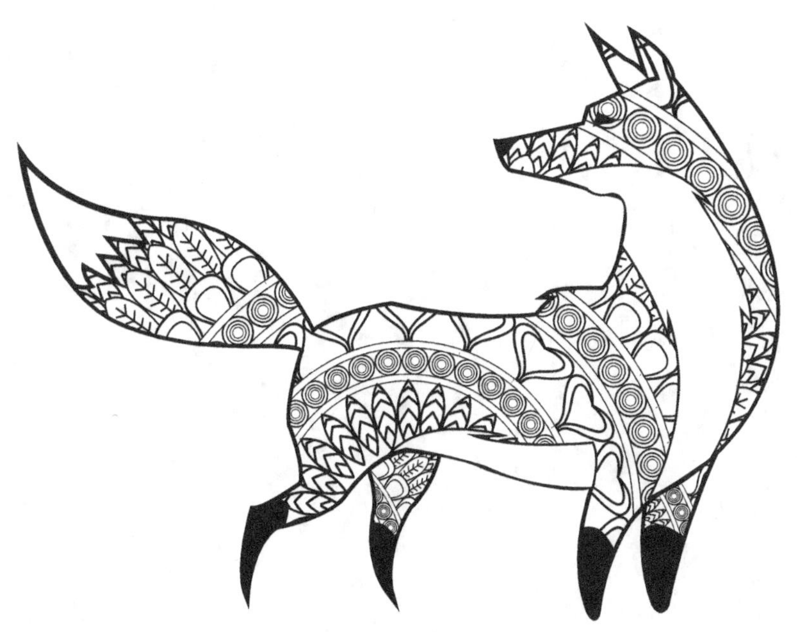

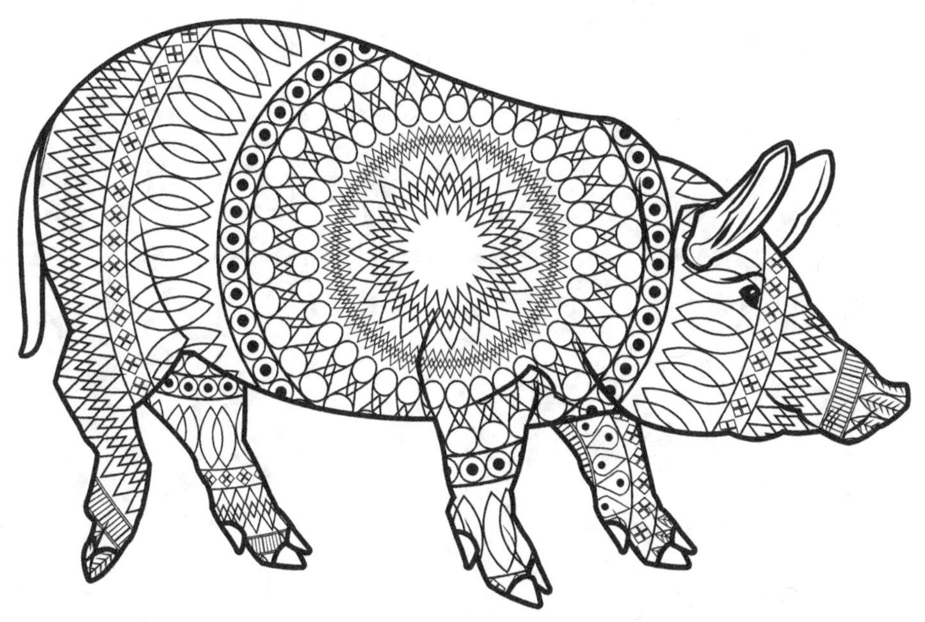

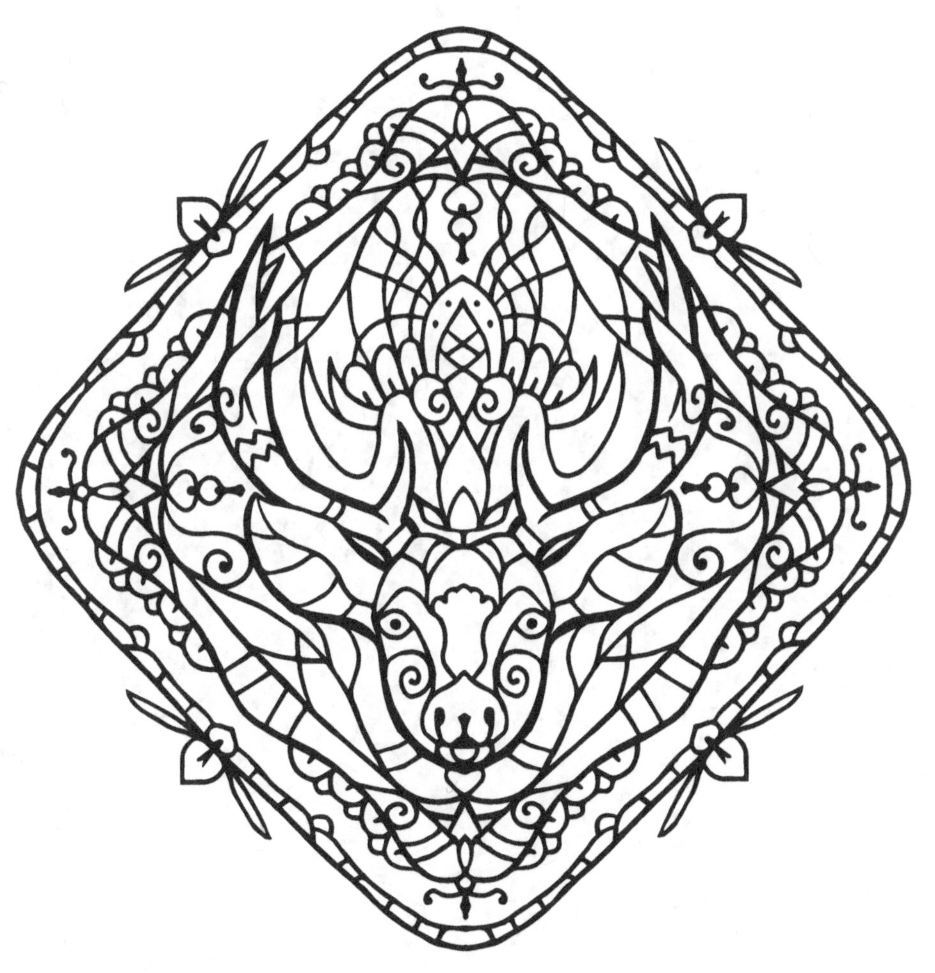

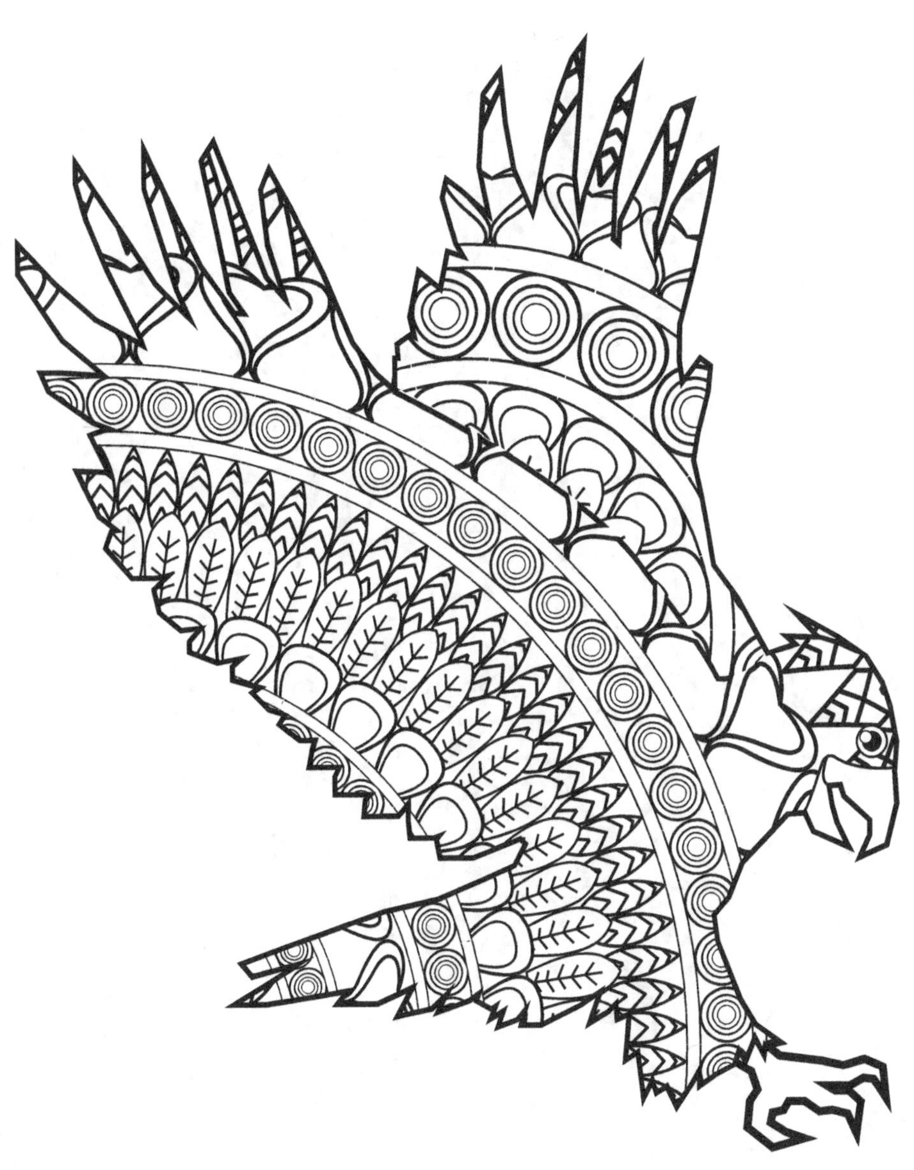

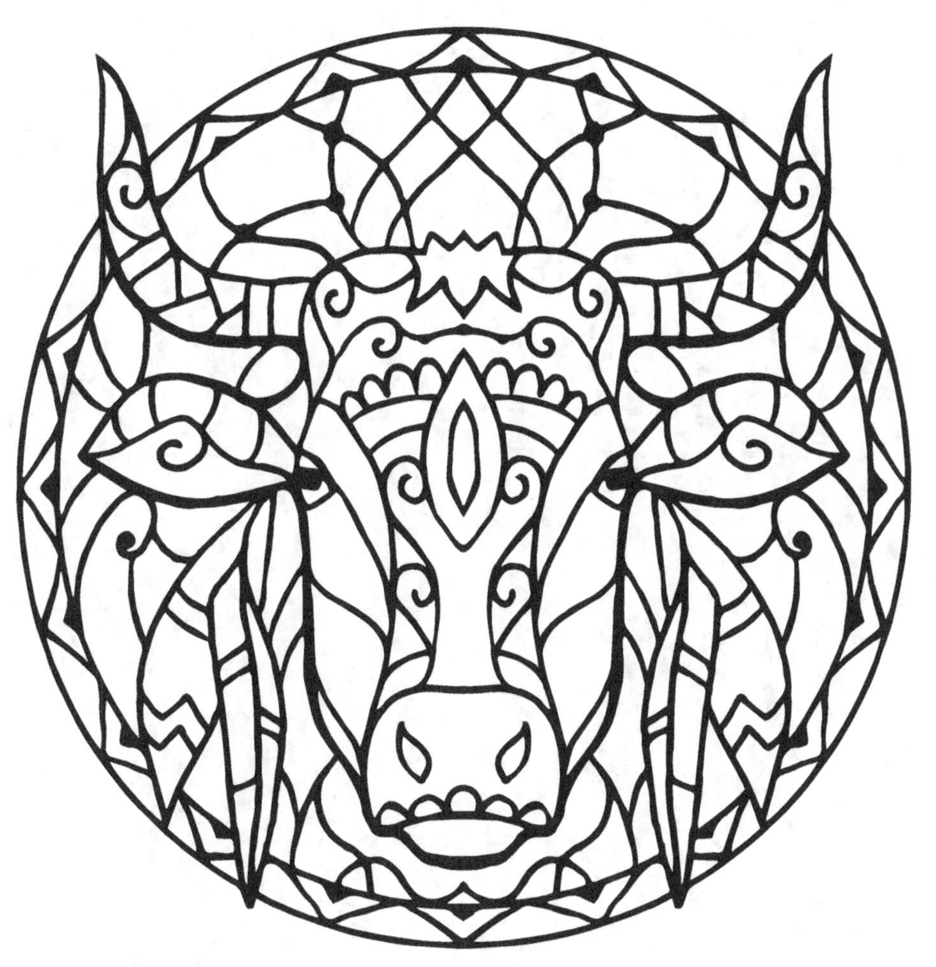

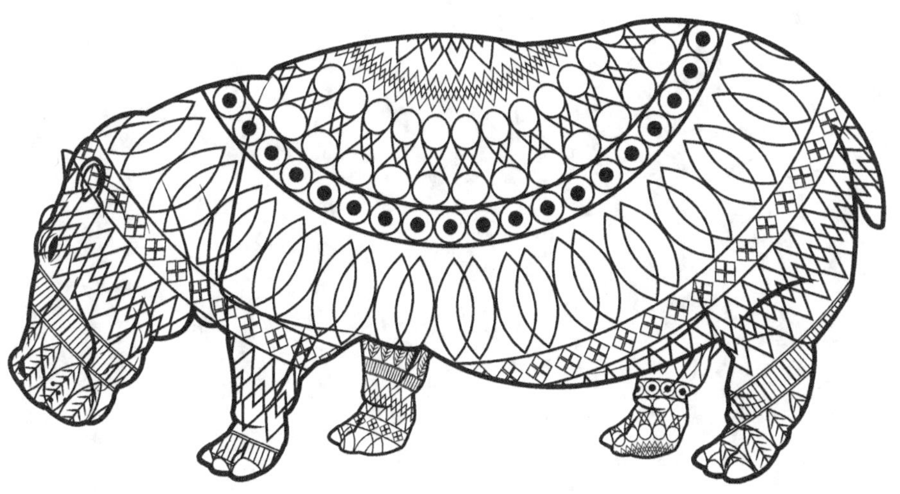

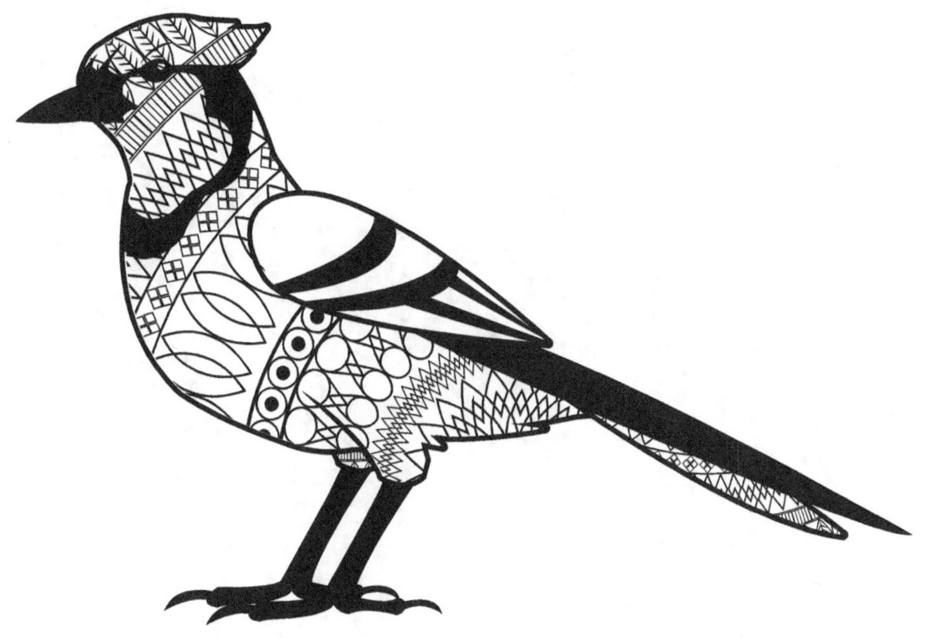

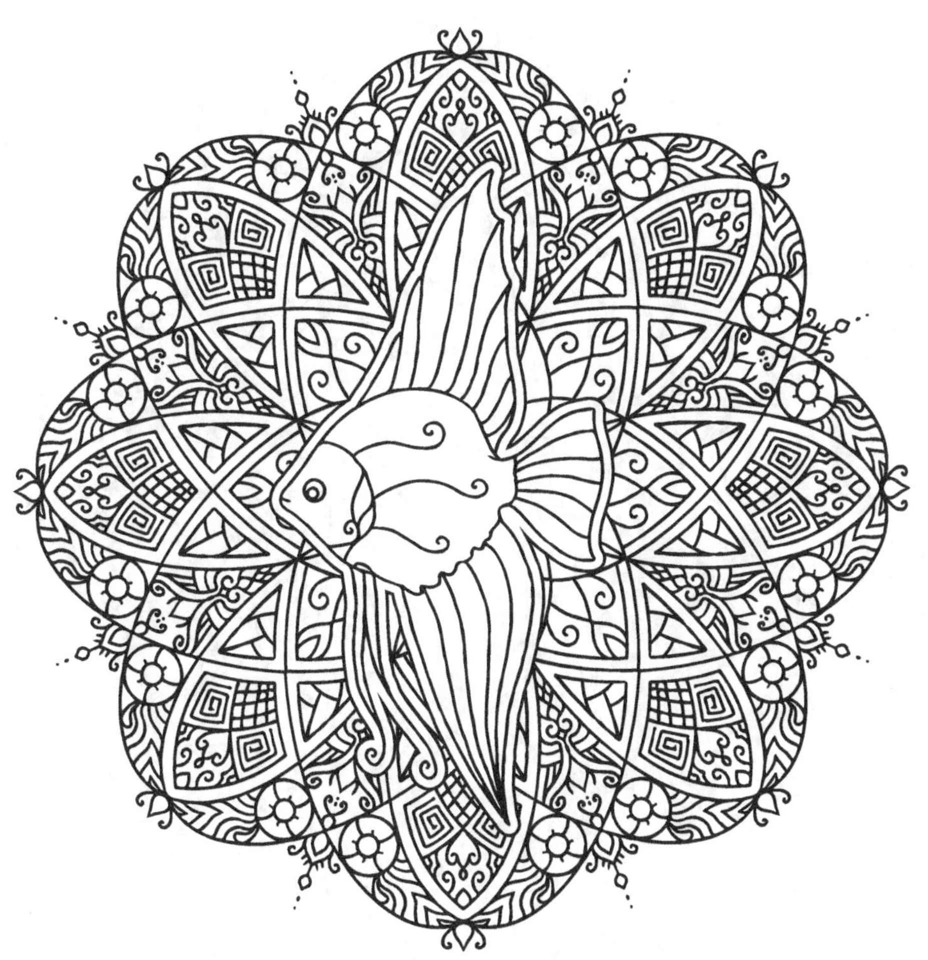

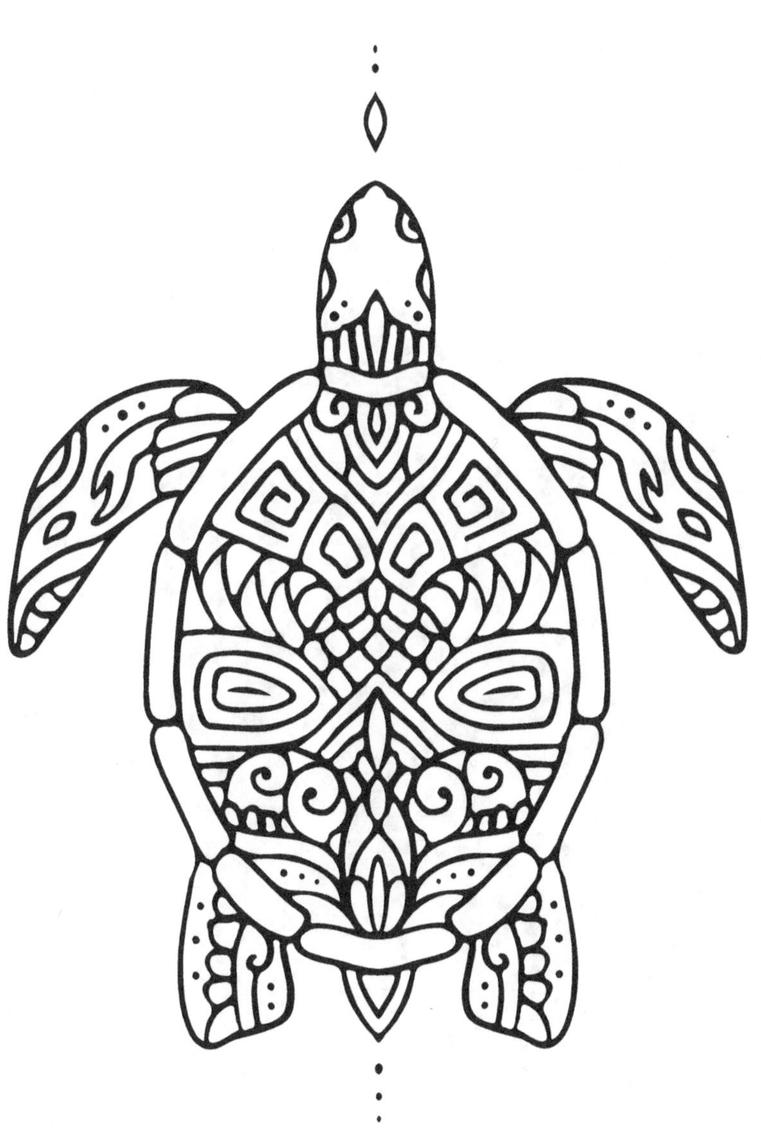

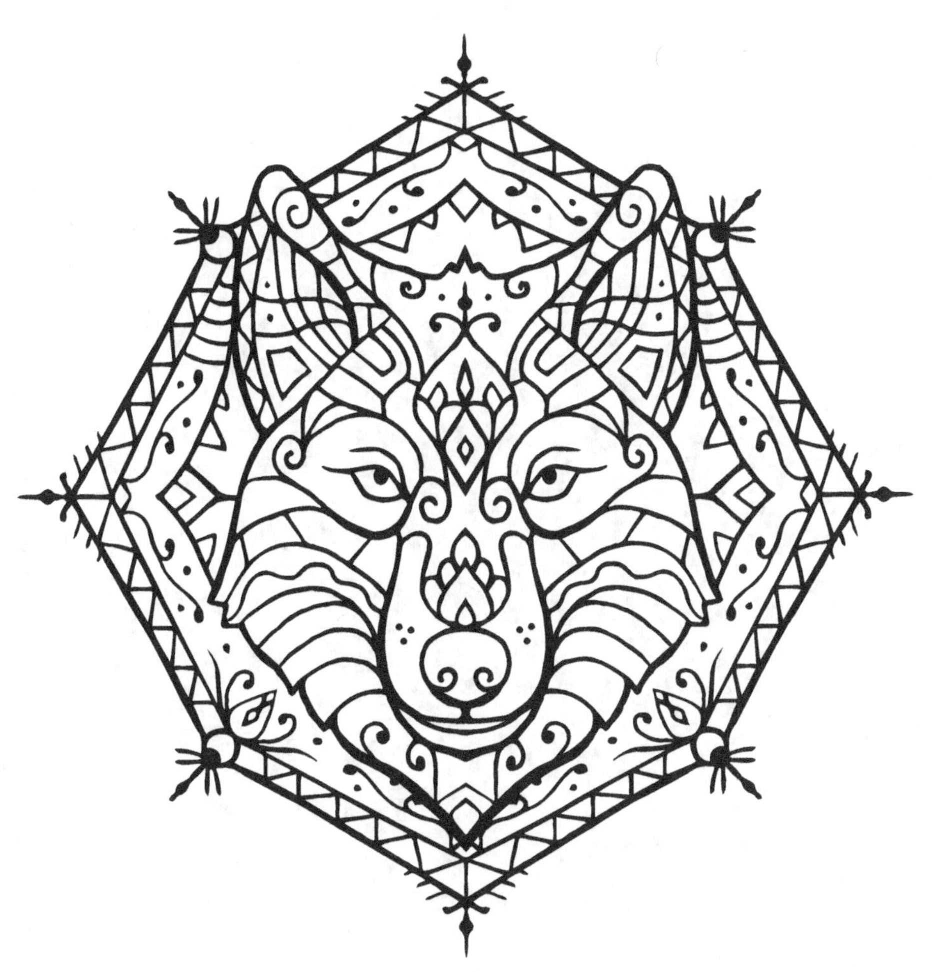

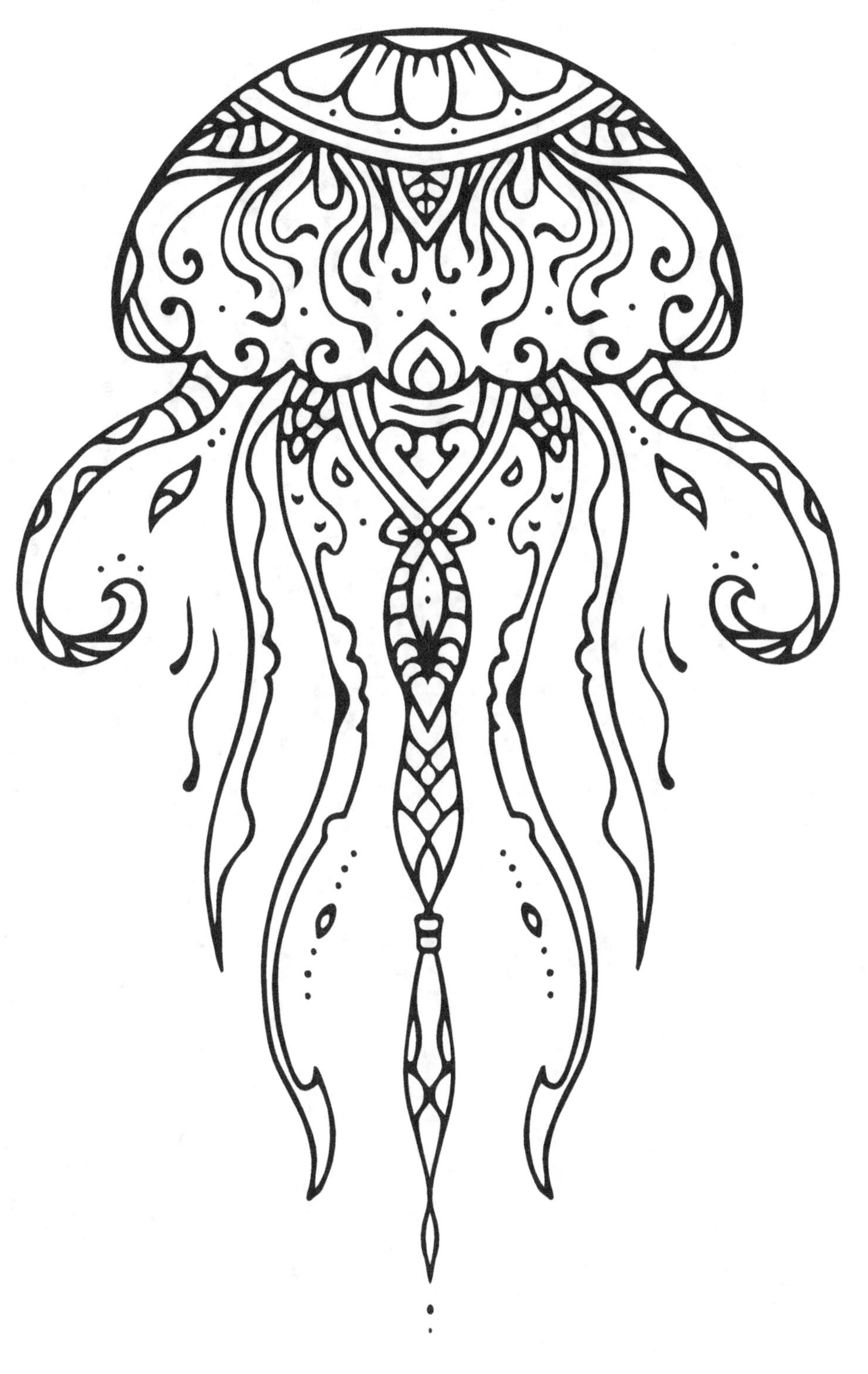

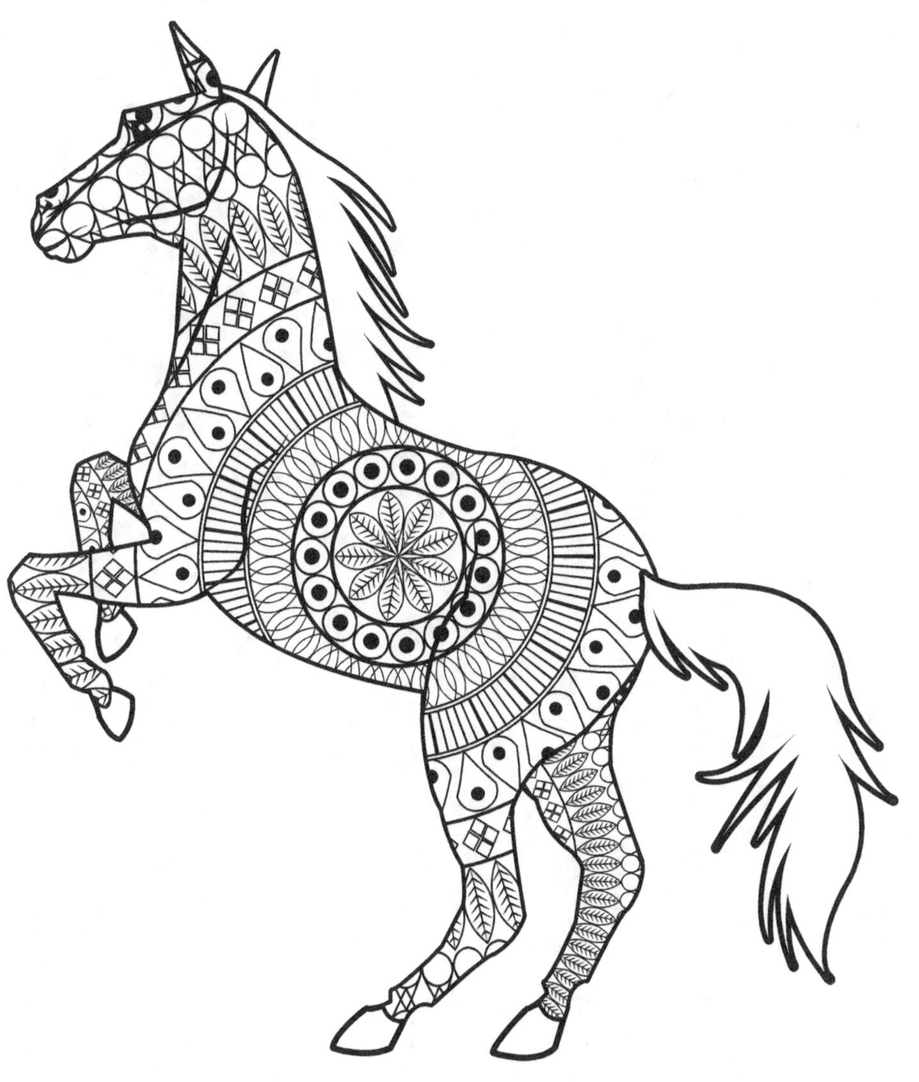

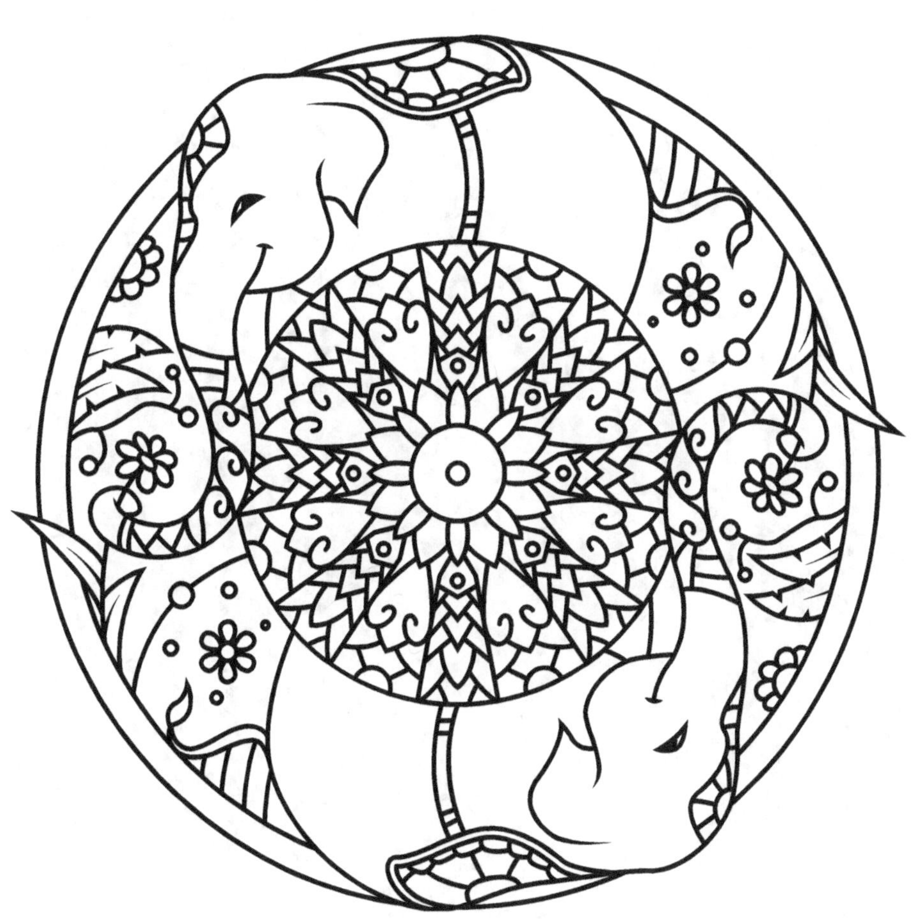

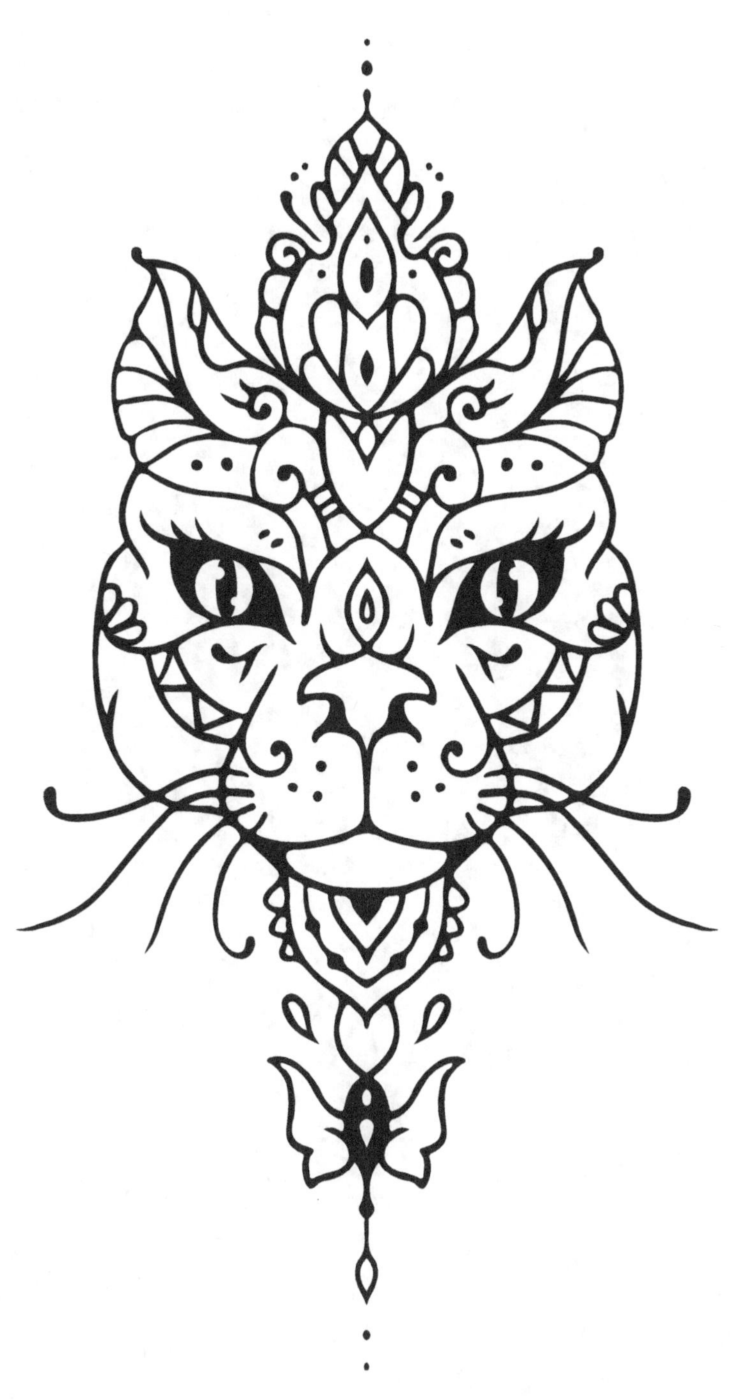

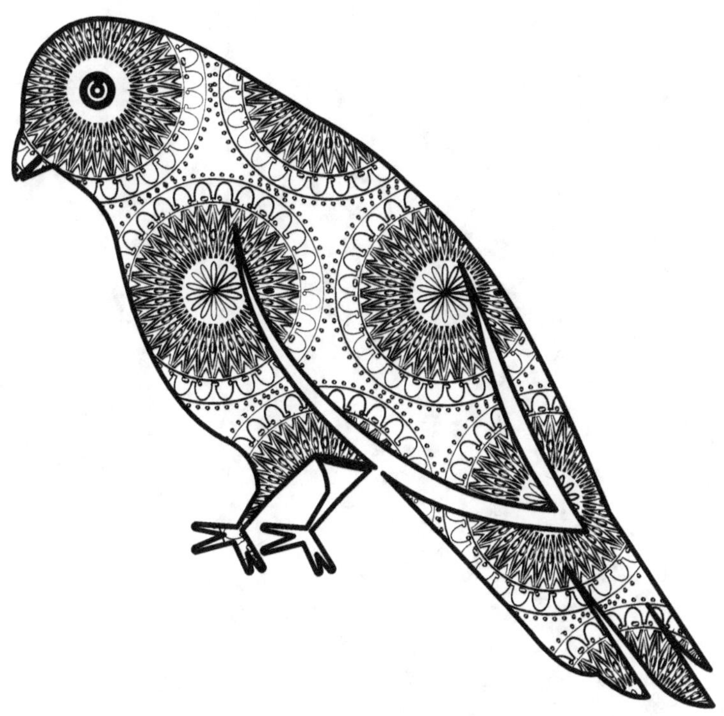

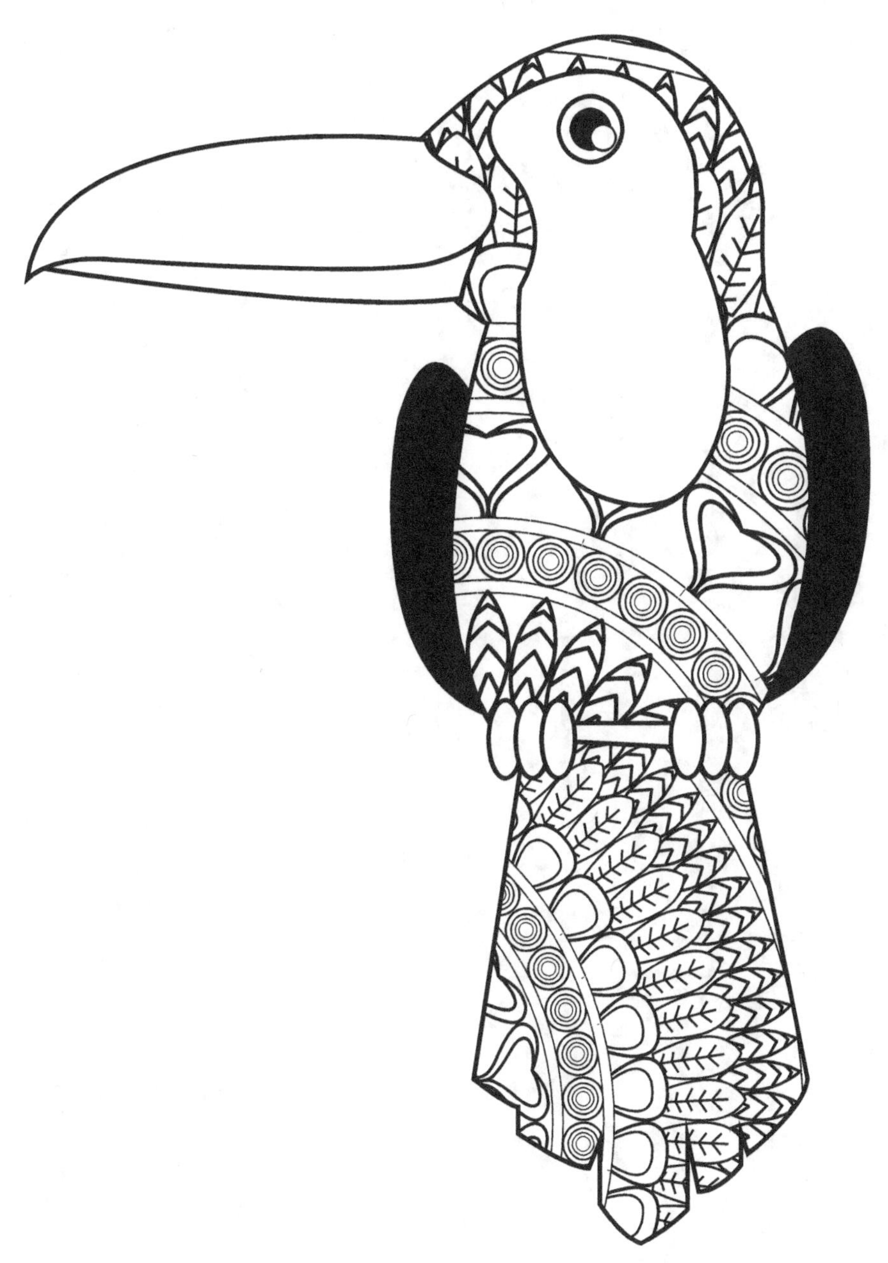

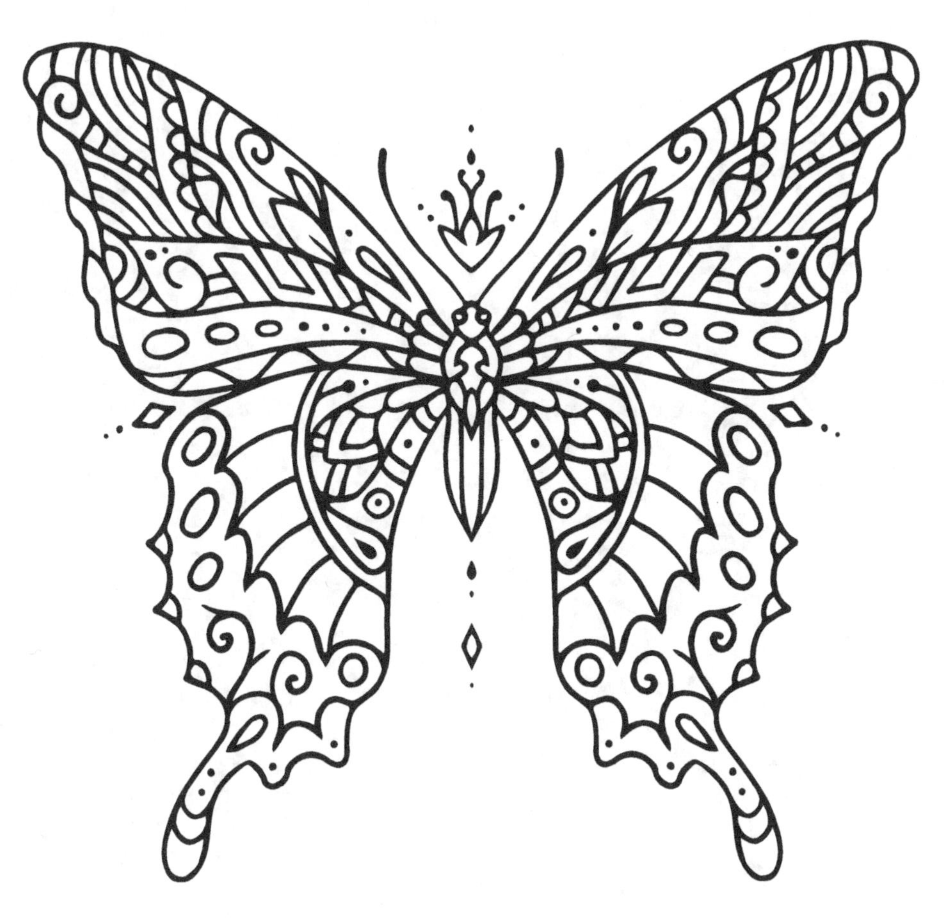

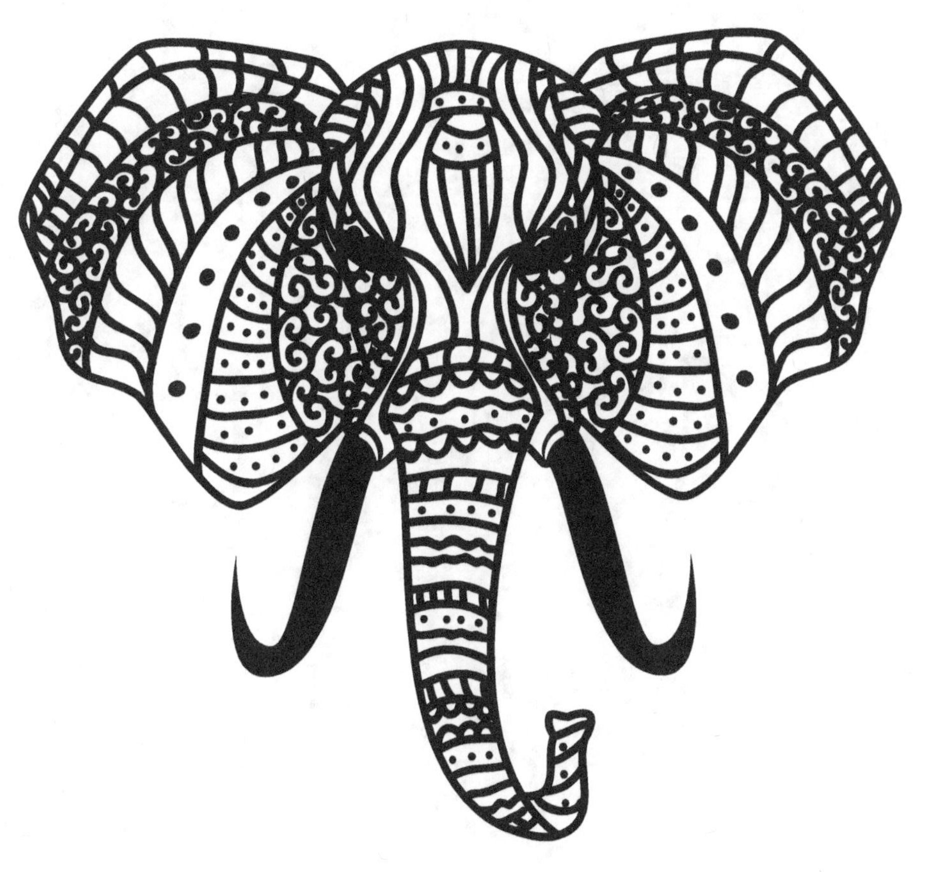

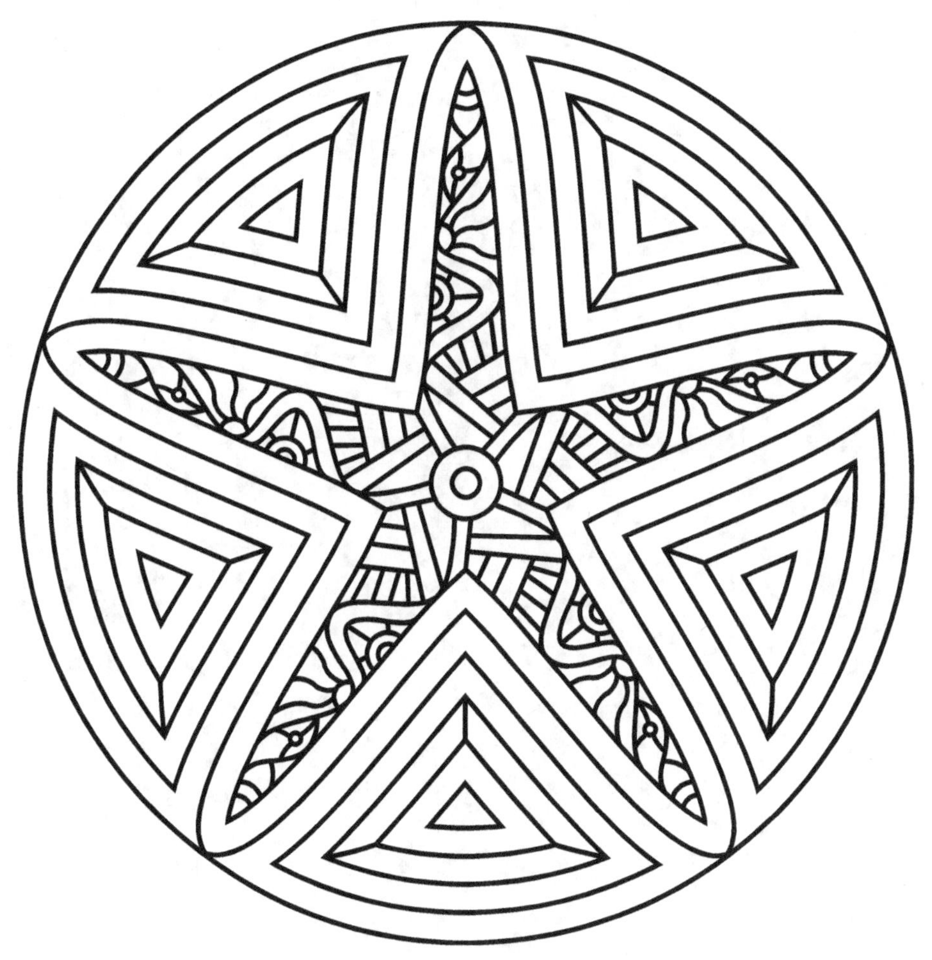

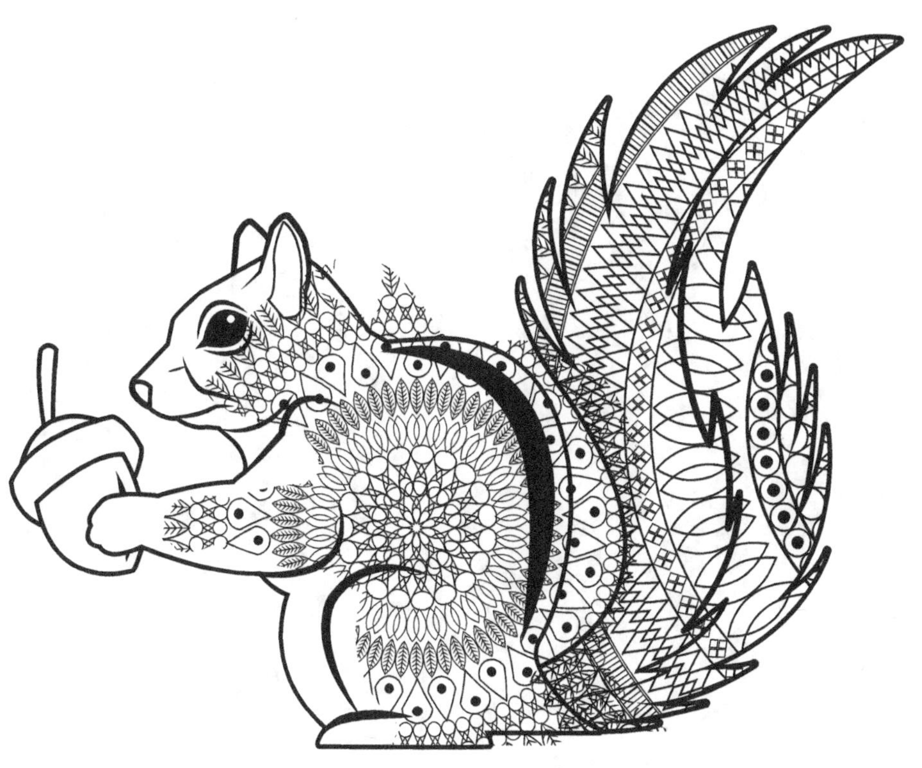

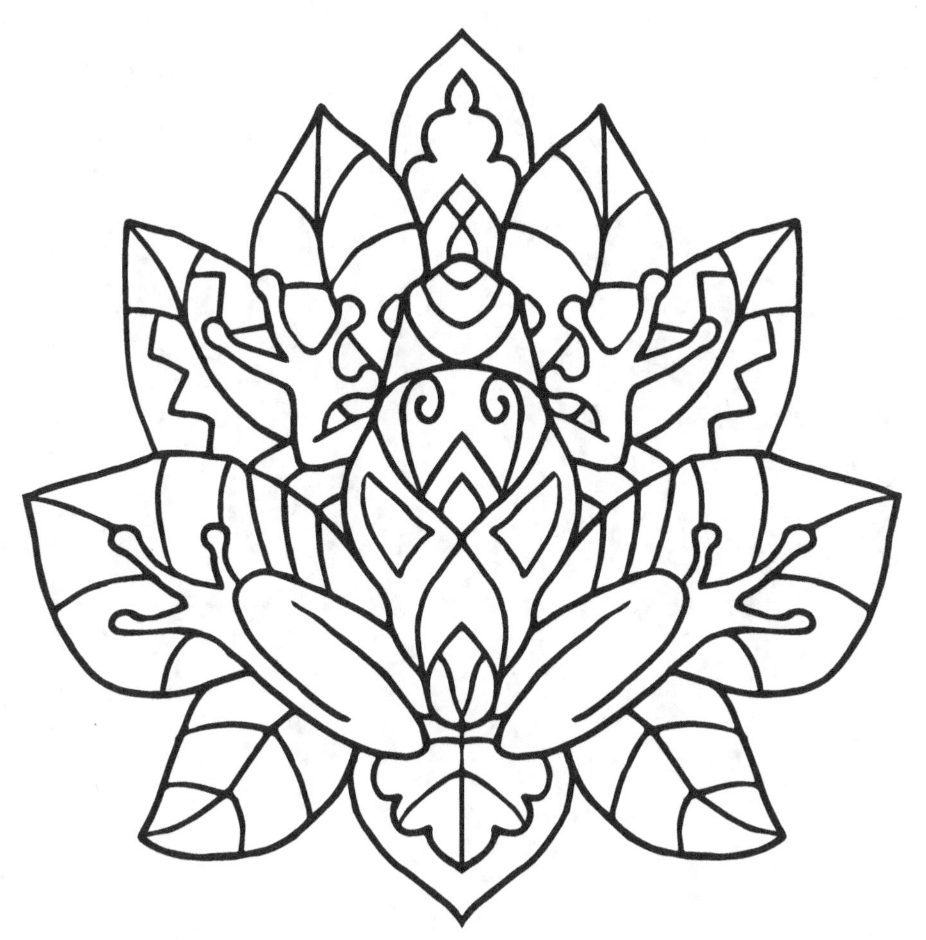

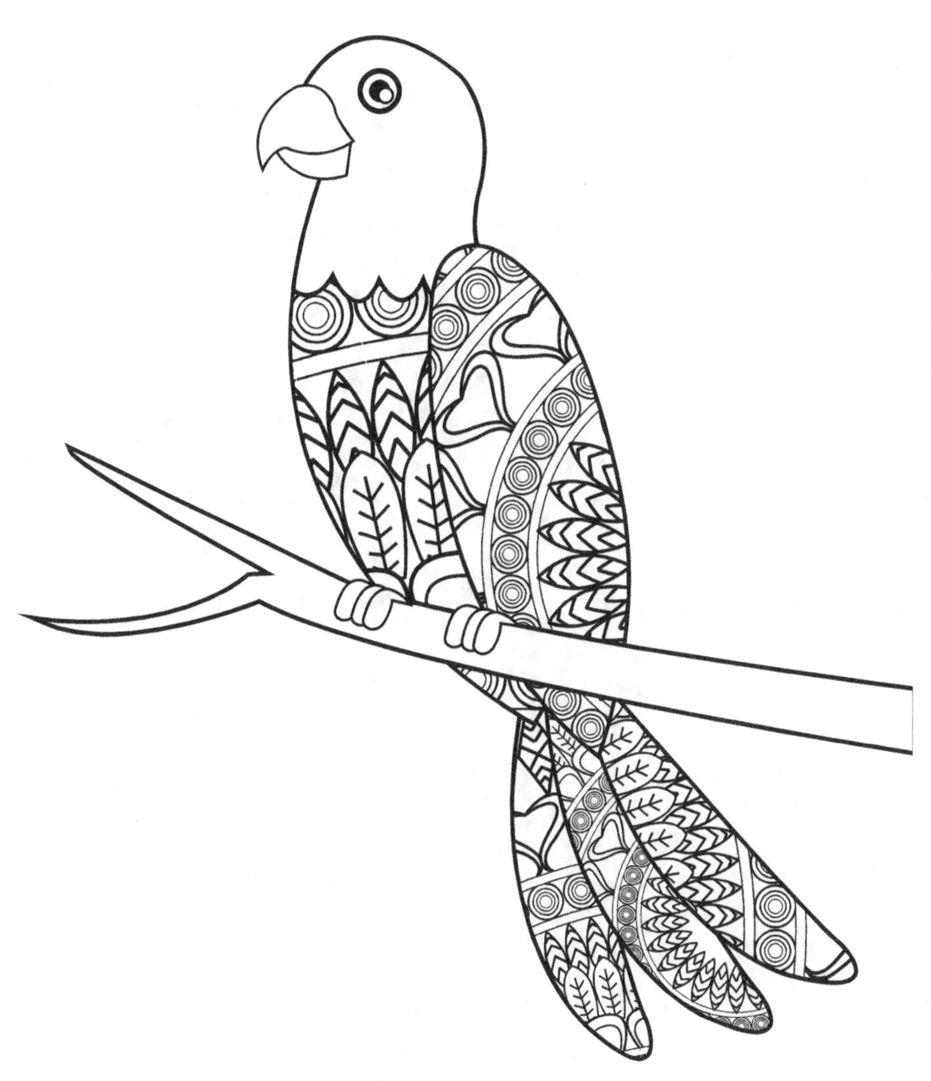

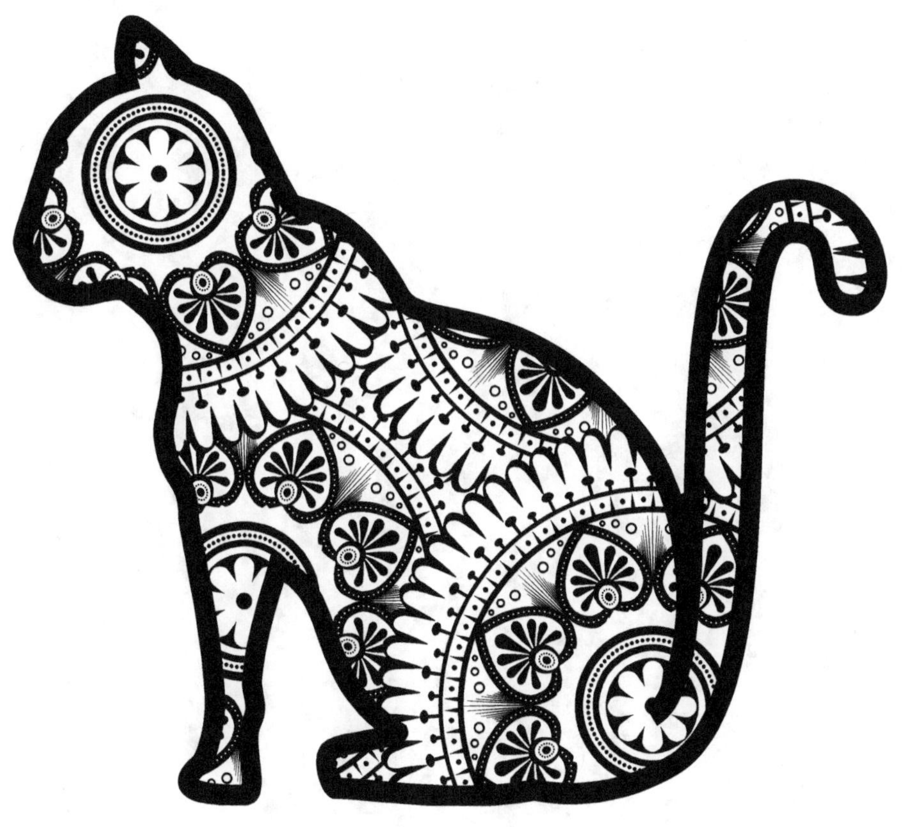